Lm.11.

CATALOGUE

DES

GENTILSHOMMES

D'AUVERGNE ET DE ROUERGUE

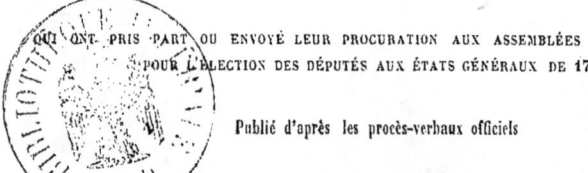 QUI ONT PRIS PART OU ENVOYÉ LEUR PROCURATION AUX ASSEMBLÉES DE LA NOBLESSE POUR L'ÉLECTION DES DÉPUTÉS AUX ÉTATS GÉNÉRAUX DE 1789

Publié d'après les procès-verbaux officiels

PAR MM.

LOUIS DE LA ROQUE ET ÉDOUARD DE BARTHÉLEMY

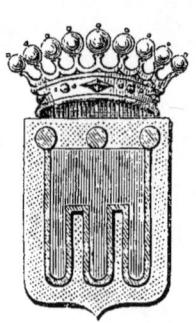

PARIS

E. DENTU, LIBRAIRE | AUG. AUBRY, LIBRAIRE
AU PALAIS-ROYAL | 16, RUE DAUPHINE

1863

Tous droits réservés.

AVERTISSEMENT.

La province d'Auvergne, qui correspond aujourd'hui aux départements du Puy-de-Dôme et du Cantal, était bornée au nord par le Bourbonnais, au sud par le Gévaudan et le Rouergue, à l'est par le Forez et le Velay, à l'ouest par la Marche et le Limousin (1).

Clermont était la capitale du comté d'Auvergne, qui fit retour à la Couronne après la mort du comte Alphonse de Poitiers, frère de saint Louis, en 1271.

Le roi Jean érigea ce comté en duché en 1360, en faveur de Jean, duc de Berry, son fils. Les nouveaux ducs d'Auvergne établirent leur résidence à Riom. Ce duché passa dans la branche des ducs de Bourbon en 1436, et fut définitivement réuni à la Couronne en 1531, après la mort de Louise de Savoie, mère de François Ier.

Riom devint le siége de la Généralité et conserva la juridiction financière sur les sept élections d'Aurillac, de Brioude, de Clermont, d'Issoire, de Riom, de Saint-Flour et de Mauriac. Le Sénéchal de Riom portait seul le titre de *Sénéchal d'Auvergne*;

---

(1) Les armes du comté d'Auvergne sont : « D'or au gonfanon de gueule, frangé de sinople. »

celui de Clermont, quoique cette ville fût toujours reconnue comme capitale de la province, prenait seulement la qualité de *Sénéchal de Clermont.*

Le Gouvernement militaire et la Cour des aides siégeaient à Clermont.

Le Rouergue, qui avait pour capitale Rodez, était enclavé entre les Cévennes, le Gévaudan, l'Auvergne, le Quercy et l'Albigeois. Ses limites ont toujours été celles du département de l'Aveyron.

Une partie de ce pays avait constitué le patrimoine des comtes de Toulouse; il suivit la fortune du Languedoc, lorsque cette province fut réunie à la Couronne en 1271. La vicomté de Millau avait été déjà réunie au domaine royal en vertu de la transaction passée, en 1258, entre saint Louis et le roi Jacques d'Aragon, comte de Barcelone, vicomte de Millau et en partie de Carlat. On sait que la maison de Barcelone descendait par les femmes des anciens vicomtes de Millau et de Carlat, qui furent la tige des comtes de Rodez de la première race (1).

Le comté de Rodez ne fut réuni à la Couronne que sous Henri IV, en 1607.

Le Rouergue formait une sénéchaussée dépendante du gouvernement de Guienne. Il était divisé en deux siéges présidiaux, Rodez et Villefranche, qui ressortissaient au Parlement de Toulouse pour la justice, et à la Cour des Aides de Montauban pour les finances.

Paris, le 12 août 1863.

---

(1) Le Rouergue n'avait pas d'armes particulières; on lui donne celles des comtes de Rodez qui sont : « De gueule au lion d'or. » — V. pour la succession des comtes de Rodez, BOUILLET, *Nobil. d'Auvergne*, I, 199;— BARRAU, *Familles du Rouergue*, IV, 87, et les auteurs cités dans l'*Armorial de la Noblesse de Languedoc*, t. I, 65; II, 386-396.

CATALOGUE

DES

GENTILSHOMMES D'AUVERGNE

SÉNÉCHAUSSÉE D'AUVERGNE.

Procès-verbal des séances de l'Assemblée de l'Ordre de la Noblesse de la sénéchaussée d'Auvergne et des bailliages secondaires d'Usson, de Montagut et de Salers, tenues à Riom (1).

14 mars 1789.

(*Archiv. imp.*, B. III., 14. p. 543-560.)

Alyre-Joseph-Gilbert de Langeac, grand sénéchal d'Auvergne.

Claude-Philippe de Montboissier.
Joachim-Charles-Laure de Montagu de Beaune.
Jean-Baptiste de Laqueuille.
Marie-Paul-Joseph-Roch-Yves-Gilbert Motier de Lafayette.
Laure-Joachim de Montagu de Bouzols.
Charles-Louis de Merle.
Joachim de Montagu de Beaune.
De Chabannes de la Palisse.
Antoine de Montagnac.
Jean-Baptiste Gautier de Lamblavet de la Boulaye.
Joseph-Thomas d'Espinchal.
Michel du Peyroux de Sallemagne.

(1) Nous croyons devoir faire observer qu'un certain nombre de familles nobles ont pu ne pas figurer dans les assemblées d'Auvergne, pour cause d'absence, de maladie ou d'abstention.

Jean-André Jouvenceau d'Alagnat.
Laurent-François-Scipion de la Roche-Lambert.
Jean-Amable Peydière de Boissière.
Antoine de Molette de Morangiès Dumas.
Maximilien Duclaux de Lestoile.
De Bouillé.
Jean-Henri de Sedages de Vacheresse.
Claude-François de Navette de Chassignoles.
Charles de Navette, chevalier de Chassignoles.
Claude-Bertrand-Joseph de Provenchères.
Pierre-Christophe du Crozet de Liat.
Joseph-Antoine de Molette de Morangiès de Beissac.
Hyacinthe de Vergessac d'Aurat.
Antoine-Jean de la Roche du Rouzet.
Grégoire Chassaignes de Lost.
Etienne de Benoît de Barante.
Jean-François-Annet de Saulzet.
Claude-Roch, chevalier de Saulzet
Michel de Cheminade.
De Gouzel de Lauriat.
Jean-Charles de Laizer de Brion.
Louis-Gilbert de Laizer de Montaigu.
Guillaume-Gabriel de la Grange.
Antoine Teillard.
Amable Rochette de Malauzat.
Michel-Henri Ferrand de Fontorte.
Antoine de Bar.
Joseph de Bar de Murat.
François Grangier de la Motte.
François de Laval de Muratel.
Gilbert de Laval.
Claude du Lac du Cluzel.
Dominique Chardon de Nohannem.
François-Antoine du Croc, chevalier de Brassac.
François-Dominique Reynaud de Montlosier.
Louis de Goy.
Annet de Falvart de Bonparan.
Annet-Joseph de Maumont.
Jean-Baptiste de Challier de Perignat.
Amable de Beaufranchet de la Chapelle.
Dominique-Marie-Anne de Pradt.
Anne-Nicolas de Bonnevie de Pognot.
François-Gilbert-Henri de Montroignon, *alias* de Salvert.
Pierre de Molen de Saint-Poncy.
Joseph-Gabriel de Bosredon de Vatanges.
Henri-Gilbert de la Roche Lambert la Valette.
Amable-Jacques Soubrany de Bonnebaud.
François Barbat du Clozel de Cayre.
Michel-Denis de Pons de la Grange.
Jean-François de Bosredon de Saint-Avit.

François Charles de Champs de Blot.
Pierre Dezain Peydière de Veze.
Pierre Peydière.
Guillaume Labro de Montagnac.
Benoît François Devaux (de Vaux).
Guillaume de Lespinasse.
François de Rochefort de Pommort.
Jean François de Pelacot de Palottes.
Gabriel de Varennes de Boisrigaud.
Gilbert Etienne Marie de Baille.
Joseph de la Roche Lambert de Chadieu.
Antoine, chevalier de Pons de la Grange.
Gaspard de Courtilhe de Giac.
François Le Court de Saint Aignes.
Jean Le Comte de Tallobre.
Louis de la Rochette d'Auger.
Ignace de Montbossier Beaufort Canillac.
Charles de Montboissier Beaufort Canillac.
Pierre de Lauzanne.
Pierre-Marie du Vallier.
Joseph de Montroignon de Salvert.
Du Crozet.
Maurice de Boissieux du Boisnoir.
Jean Melchior de Valle du Blan (Véal du Bleau).
Joseph Alexandre de Vallon de Boucheron d'Ambrujeac.
Guillaume Marie de Champflour de la Roche.
François Charles de Sampigny d'Effiat.
Henri Auguste de la Bastide.
Jean Joseph Cathol du Deffand.
Pierre de Lupchat.
Jean Baptiste de Bayle.
Benoît Genès de Riberolles du Moulin.
Charles Henri Henrion de Bussy.
Gilbert François de Moré de Pontgibaud.
Gilbert Antoine des Aix de Rochegude.
François Martin de Loménie du Château.
Jean de Dienne de Saint Eustache.
Augustin François-César Dauphin de Leyval.
Claude de Chardon de Rochedagoux.
Pierre Alexandre de Mayet de la Villatelle.
Jean Jacques Le Normand de Flageac.
Pierre Etienne du Tour de Salvert.
Jacques de Beaufranchet de Relibert.
Jean Hyacinthe de Sampigny de Bussières.
Jean Peghoux de Merdogne.
André de Froment.
Pierre de Saint Giron.
François de Lastic.
Charles de Ribeyrolles de Beaucène.
François Louis Anne Bégon de la Rozière.

Jean-Baptiste-René de Montal.
Jean-Baptiste, chevalier de Sampigny.
Gabriel Morel de la Colombe de la Chapelle.
Jean-Joseph de Méalet de Fargues.
Pierre Grangier de Cordès.
Gabriel-André de Bonneval.
Jean-Louis de Verdalle.
Annet Dechuy d'Arminières (ou de Chéry).
Pierre-Antoine Daurelle des Cornais (d'Aurelle).
Etienne de Varesne de Bois Rigaud.
Gilbert de Servières.
Louis-Gilbert-Roch des Escures.
Jacques-Antoine Barbat du Closel.
Jean-Baptiste-Amant de Montmorin de Saint-Herem.
Etienne Tailhandier de Lamberty.
Antoine, chevalier de Tremeuges.
Jacques-Christophe-Nicolas Micolon de Guérines.
Guillaume de Chassignoles de Combalibœuf.
Jean-Louis de l'Estang de Chalandrat.
Jean-Gilbert de Loubens de Verdalle de Toury.
Guillaume Destaing (d'Estaing).
Henri-Gilbert de la Roche Lambert.
Antoine Alexandre, *alias* de Rouzat.
François-Marie Froment de Chaudumont.
Amable-Gabriel Reboul de Sauzet.
François-Marie-Guillaume Teyras de Grandval.
Jean-Louis de Bouchard d'Aubeterre.
Claude Tailhandier.
Annet de Villelume.
Jean-Antoine de Meyras de la Grange.
Antoine-Amable de Combes des Morelles, père.
Joseph-Jean-Charles de Cumignat.
Louis-Philibert de Cheminades de Lormet.
Mathieu Rodde de Vernières.
Damien-Louis-Antoine de Matharel du Chery.
Joseph Mareuge de la Faye.
De Fretat.
Antoine-Xavier Aragonnès de Laval.
Antoine-Xavier Aragonnès d'Orcet.
Guillaume-Michel Chabrol de Tournoelle.
Jean-François Ducros, ou du Croc.
Antoine de Cordebœuf de Montgon.
Jean-Marie-Claire Aldebert de Séveyrac.
Raymond de Molen de la Vernède du Mas.
Jean-Baptiste de Mascon.
Jean-Alexis de la Salle.
François de Combarel de Gibanel.
De Malet de la Vedrines.
Jean-Baptiste-René de Vissac.
Jean-Claude Douhet.

Louis de Bourdeilles.
François-Dominique de Raymond de Beauregard.
Jacques-Amable-Gilbert Rollet d'Avaux.
Gaspard-Claude-François Chabrol.
Jacques-Joseph-Gaspard Chabrol.
Blaise d'Aurelle de Champetières.
Christophe de la Rochette de Rochegude.
Jean-Baptiste de Vauchaussade de Chaumont.
Louis de la Velle de Maurissac.
Gilbert de Servières du Telhiot.
Jean-Baptiste de Bourdeilles.
Nicolas-Claude-Martin Autier de Chazeron de Barmontel.
Sidou-Joseph–Gabriel-Fidelamant de Guérin-Valbeleix.
François-Joseph Durand de Perignat.
François-Alexandre de Rigaud de Chapdes-Beaufort.
Guillaume de Bonnevie de Poignot.
Jacques-Antoine de Combes des Morelles.
Pierre Rochette.
Amable des Aix de Veygoux.
Michel-Guillaume-Amable de Panneveyre de Ternant.
Guillaume de Panneveyre de la Jugie.
Forget.
François de la Rochette de Sianne.
Antoine Sablon du Corail.
Joseph-Raymond du Saunier de Bansat.
Antoine-Joseph de Vissaguet.
Jean-Charles de Pradel de Tremeuges des Charcyres.
Antoine Auzerand de Benistan de Pomerols.
Jean-Baptiste-Marie de Matharel du Chery.
Jean-François de Benoit de Fontenilles.
Jacques Chassaignes de Bort de Montvianeix.
Gilbert Riberolles.
Jean-Augustin-Antoine de la Chassaigne de Franc-Séjour.
Joseph Torrent.
Joseph de Riberolles des Horts.
Jean-Edouard de Grillon du Plessis.
Joseph-François-Félix de Laizer.
Charles-Paul-Nicolas Barentin de Montchal.
Guillaume du Fraisse de Vernines.
De Veyny d'Arbouse.
Le Groing.
Vels, *aliàs* de la Roche.
De Pouthe.
D'Oradour.
Du Peyroux de Bonnefon.
Du Crozet de Liat.
De Ligondès-Châteaubodeau.
Le Normand de Maupertuy.
De Vertamy.
De Pons de Frugières.

SÉNÉCHAUSSÉE DE CLERMONT-FERRAND.

Procès-verbal de l'Assemblée générale des trois Ordres (1).

17 mars 1789.

(*Archiv. imp.*, B. III., 48. p. 451, 467-472.)

NOBLESSE.

Gabriel-Annet de Bosredon, chevalier, marquis du Puy Saint-Gulmier, Sgr de Surgères, Fourniat, Sachat, Roche Romaine, et en partie de Saint-Vincent, baron de Crest Avèze, Montbrun, et en partie de Chalier, lieutenant des maréchaux de France, conseiller du roi en ses conseils et son grand sénéchal de Clermont-Ferrand et de l'ancien bailliage d'Auvergne, primitivement établi à Montferrand et réuni à la sénéchaussée de cette ville de Clermont-Ferrand, principale ville et capitale de la province d'Auvergne.

Destaing (d'Estaing).
Dulac (du Lac).
Dulac.
De la Roussille.
Reboul.
Duclozel (Barbat du Clozel).
Dalagnat (Alagnat).
Micolon de Guérine.
De Laizer.
De Chardon.
Viry Dumontel.
Durand.
Debard (de Bar).
Debard.
L'Huillier.
Duvernin.
Guérin de Valbeleix.
Du Bourgnon.
Dauphin.
De Fredefond.
Fredefond de la Rochette.
Durand de Pérignat.
Teyras de Grandval.
Destaing, l'aîné.
De Verdonnet.

D'Oradour.
Champflour d'Alagnat.
De Chalus.
De Bosredon-Surgères.
De Montboissier.
De Marthillat.
Champflour Josserand
Bournal.
Veny d'Arbouse (Veyny).
Rodde de Chalagnat.
Gaschier.
Champflour Desmoulins.
Aragonnès de Laval, cadet.
Provenchère.
Carmentran de la Roussille.
Potière.
De Claris.
Charrier de Flechat.
Dusson de Poisson.
Mayet de la Villatelle.
De Vincens.
De la Salle.
Cousin.
Vassadel de la Chaux.
De Gaucherel.

(1) V. encore le *Catalogue de tous Messieurs composant l'ordre de la Noblesse de la sénéchaussée de Clermont qui ont assisté à l'Asssemblée des trois états, en exécution des ordres de Sa Majesté.* 1789. (Bibl. imp. Le, 23, 47.)

Huguet de Goelle.
Amarithon de la Chapelle.
Courtaurel de Rouzat.
Delair.
Teyras, cadet.
Barentin de Montchal.
De Mascon.
Rodde de Vernière.
Aubier de la Monteilhe.
Guérin, troisième.
Lhuillier d'Orcière.
Couzin de la Tourfondue.
Guérin, deuxième.
Daurel (d'Aurel).
Durand de Pérignat, père.
Reboul du Saulzet.
Morin de Bressy.
Dubuissson d'Ombret, fils.
Mayet de la Villatelle, cadet.
Danglard (d'Anglard).
Berard de Chazelles.
Aubier, père.
Provenchère du Chassin.
Dalmas.
Reboul de Villar.
Laboulaye.
Lagaye de Lenteuil.
Morin de Leyras, père.
Morin de Leyras, fils.
Dupuy.
Chardon Duranquet (du Ranquet).
Chalier Charrier de Perignat.
André d'Aubière.
De Viry, père.

Guerrier de Bezance.
Trinquallyc.
Rochette de Lempdes.
Girard de la Batisse.
Dalbiat (d'Albiat).
Crespat, père.
De Lastic.
Montagu de Beaune.
Champflour de Lauredoux, *alias* l'Oradoux.
Le Court de Saint-Aignes.
Aubier, fils.
Le Court d'Auterive, aîné.
Le Court d'Auterive, cadet.
De la Salle Viginet.
De Flageac.
De Reynaud.
De la Vigney, ou Lavigney.
Fagnier de Vienne.
De Roussel.
Murat.
De Combarel.
De Champflour de Palbost.
Aragonnès d'Orcet.
De Canillac.
Micolon des Guérines, fils.
Dauphin de Leyval.
Champflour de Montespedon.
De Roquecave.
De Viry de la Chaux-Montgros.
Taillandier.
Du Fraisse de Vernine, secrétaire.
Chateaubodeau (*add. mss.* sur le Catalogue imp. de la *Bibl. imp.*)

BAILLIAGE DE SAINT-FLOUR.

Procès-verbal de nomination des députés de l'Ordre de la Noblesse aux États généraux.

28 mars 1789.

(*Archiv. imp.*, B. III., 136. p. 167-172.)

Joseph-Louis Robert de Lignerac, duc de Caylus, grand-bailli d'épée et lieutenant-général de la Haute-Auvergne.

Pierre-François de Saint-Martial, baron d'Aurillac, capitaine au régt des cuirassiers du Roi.

Amable de Brugier, baron de Rochebrune, ancien officier au régt Dauphin-cavalerie.

Le procès-verbal fut signé par MM. :

Lignerac, duc de Caylus.
Danglard de la Garde.
Pelamourgue d'Estassaniousse, *aliàs* Palemourgue de Cassaniouze.
Le vicomte de Cheylane.
Passefond de Carbonnat.
Du Greil de la Volpilière.
Le chevalier de Dienne.
Chapel de la Pacheine.
Chazelle de Barrigues.
Le chevalier de Boissieu-Chazelles.
Lazat de la Barrière.
Le chevalier de Comblat.
De Douhet de la Roche.
Bresse Chabon de Rochemonteix.
D'Humières de Scorailles.
Le vicomte de La Faige.
De Brugier d'Andelat.
Tassy de Montluc.
De Filiquier.
Lanzac de Montony.
De Montal de la Rochette.
De Boissieu d'Apchon.
De Saint-Vidal.
Métivier de Val.
De la Roque de la Fage.
De Leigonye de Rangouse.
Castellas de Rigal.
Desuttes Desclauzels.
Le chevalier de Cabanes.
De Sistiquier Montclar.
De Gueyffier (Gayffier).
Le chevalier de la Faige.
Caissac de la Farge.
De la Salle.
Esparvier de la Rochette.
Le comte Dossmanne (?).
Le comte Dantil de Ligonnès.
Colinet de Niossel, de Sainte-Apelle.
Cornaro de Curton.
De Saint-Pol.
De Conquennes de la Roque.
Sartiges de Goulfier.
Chabannes-Curton.
Cremieux de la Bastide.
Sartigues de Moré.

Langeac de Saunac.
De Bonafos de la Roussille.
La Vaissière de la Vergne.
De Caisidandrade.
Ruffin de la Rafinie.
Tassy de Montluc.
Fontanges de Coursan.
Longevialle Bettinay.
De la Rochette d'Ouvrier.
Besson d'Arjalles.
D'Anglars de Bassignac.
Segeur de Goutel.
Doreilles d'Auriac.
Saint-Martial d'Aurillac.
Lachesnaye-Roquefeuil.
Dieudonné de Lachesnaye.
Tassy de Montluc.
De Sauret Daulia (d'Aulhac).
De Grandval de Gueffier.
Peyronnencq de Saint-Chamarant.
Dechanques de Fauneruge.
De Séguy du Bousquet.
De Sauret du Chertin.
De Brugier, chevalier de Rochebrune.
Gillet de Brouy.
Le vicomte de Cheylane.
Saint-Martial de Roys.
Seguy de Chantal Doneilles.
Roquemaurel.
Tassy de Montluc, fils.
Le vicomte de Saint-Sernin.
De Boissieu d'Apchon.
Le vicomte de la Faige.
De Saint-Pol.
De Tassy de la Chassaigne.
Le comte de Lastic, secrétaire de l'Assemblée.

30 juillet 1789.

Les pouvoirs donnés aux députés furent signés par MM. :

Pierre Vaissière de la Faige de Fournols, conseiller du Roi, lieutenant général civil et criminel du bailliage des Montagnes de la Haute-Auvergne, séant à Saint-Flour.

De Sartiges.	Saint-Martial.
Sarret de Fabrègues.	De Dienne de Cheilade.
De la Salle de la Carrière.	Chazelles de Courdes.
Dubois de Saint-Etienne.	De Castellas.
De Montclar.	D'Anglard de la Garde.
Saint-Martial de Conros.	Chalvet de Rochemonteix.

La Tour Saint-Vidal.
La Vaissière de la Vergne.
Chazelle de Rochesalesse.
De Douhet de Romananges.
De Baron de Layat.
De Ribier de Chavagnac.
De Ribier de Toutal.
De Tournemire de Valmaison.
Soualhat de Lampret.
Soualhat du Fauc.
La Farge de la Pierre.
Montel de Chavaroche.
Monteil de Méalet.
Chaumeil de la Jalenne.
De Rigal de Peuch Martin.
De Pesteils de Jaulhiac.
De Gain de Montagniac.
Salvaing de Boissieu.
Bonnafos de la Motte.
Sarret de Saint-Sernin.
Tassy de Montluc du Sartre.
Tassy de la Chassagne.
Colinet de Niossel.
Gillet de Broms.
De Chaudesaigues de Tarrieux.
De Sauret d'Auliac.
De Sauret de Cheilus.
Dieudonné de Lachesnaye.

Pellamourgue de Cassagnouse.
La Carrière de Comblat.
De Brugier d'Andelat.
Dantil de Ligonnès.
Falcon de Longevialle.
Gillet d'Auriac.
Daudin de la Fabrie.
De Gueffier, l'aîné (Gayffier).
De Gueffier, cadet.
De Gueffier, troisième.
Doreille (Aurelle).
Doreille du Croisel.
Seguin de Chantal.
De Conquans.
Tassy de Montluc.
Gillet du Varnez.
Teillard de Tissonnière.
De Podevigne de Grandval.
De la Faige de Cheilane.
De la Roque de la Fage.
De Moré.
Salvage de la Marge.
Doreille de Paladines (Aurelle).
Chabannes Curton.
Bonnafos de la Roussille.
Tremeuge de la Bastide.
Baldan, greffier en chef.

(*Archiv. imp.*, B. III., 136. p. 240-244. — Collationné sur la liste imprimée à Saint-Flour, 1789, chez la veuve Sardine et fils).

LISTE DES DÉPUTÉS DES TROIS ORDRES

AUX ÉTATS GÉNÉRAUX DE 1789.

CLERMONT-FERRAND.

L'évêque de Clermont (François de Bonal).
Thourin, curé de Vic-le-Comte, suppléant.

Le comte de Montboissier.
Le comte de Barentin de Montchal, suppléant.

Gaultier de Biauzat, avocat, membre du conseil nommé par l'assemblée provinciale d'Auvergne.
Huguet, maire de la ville de Billom.
Monestier, médecin, suppléant.
Cuel, bailli du comté d'Auvergne, suppléant.

RIOM (SÉNÉCHAUSSÉE D'AUVERGNE).

Boyer, curé de Nécher.
De la Bastide, curé de Paulhaguet.
De Bonnefoy, chanoine de Thiers.
De Brignon, curé de Dore-l'Eglise.
Mathias, curé de l'Eglise-Neuve.
M. le curé d'Evau, suppléant.
Dom Gerle, prieur de la Chartreuse du port Sainte-Marie, suppléant.

Le marquis de la Fayette.
Le marquis de Laqueuille.
Le marquis de la Rouzière.
Le comte de Mascon.
De Chabrol, lieut. criminel de la sénéchaussée d'Auvergne.
Le comte de Canillac, suppléant.
Le comte d'Espinchal, suppléant.

Malouet, intendant de la marine à Toulon.
Dufraisse du Chey, lieut. général de la sénéchaussée.
Redon, avocat, premier échevin de la ville de Riom.
De Riberolles, écuyer, négociant.
Girot de Pouzol, avocat.
Branche, avocat.
Andrieu, avocat général fiscal du bailliage duché-pairie de Montpensier.
Vimal Flouvat, négociant, ancien maire de la ville d'Ambert.
Grenier, avocat, secrétaire provincial d'Auvergne.
Taillardat de la Maison-Neuve, procureur du Roi de la sénéchaussée.
Verny, avocat, procureur du Roi de la sénéchaussée, suppéant.
Theallier, juge d'Oliergues, suppléant.
Le Clerc, juge royal de l'Epeaux, suppléant.
Bouyon, notaire royal à Bromon, suppléant.

SAINT-FLOUR.

L'évêque de Saint-Flour (Claude-Marie Ruffo, des comtes de Laric).
Bigot de Vernière, curé de Saint-Flour.
Lolier, curé d'Aurillac.

Le duc de Caylus.
Le baron d'Aurillac.
Le baron de Rochebrune.

Bertrand, avocat en Parlement, procureur du Roi de l'Hôtel-de-Ville de Saint-Flour.
Armand, avocat.
Devillas, juge de Pierrefort.
Daudé, avocat du Roi du bailliage de Saint-Flour.
Lescurier, lieutenant général au bailliage de Salers.
Hébrard, avocat.

GÉNÉRALITÉ DE RIOM.

(PAYS D'ÉLECTION.)

1771. De Chazerat, maître des requêtes, intendant.
Lambert, subdélégué général.

Présidents Trésoriers de France.

1750. Dufour.
1782. De Chamerlat des Guérins, chevalier d'honneur.
1756. Panthot.
1757. De la Gorce.
1762. Bray Dumazet.
1765. Baudet.
Teillard du Chambon.
Chacaton.
1766. Lemoyne.
1770. Podevigne, Sieur de la Vieille-Ville.
1772. Arnauld.
1773. Gueslin.
1774. Mabru.
Brunet, Sieur de Privezac.
1775. Chamerlat.
Marchand, Sieur de Marans.
Hennequin.
1776. De Chamerlat des Guérins.
1777. Faydit.
1781. Chassaing.
1782. Theallier.
1784. Brugière de Barante.
Chevogeon du Viré.
1786. Barges des Vernières.

Gens du Roi.

1742. Chabrol, conseiller d'État, avocat du Roi.
1755. Rancilhat de Chazelle, avocat du Roi.
1773. Dupuy, procureur du Roi.
1783. Truppart, procureur du Roi.
1769. Desolière, greffier.
1777. De Saint-Quentin, greffier.
1780. Vidal de Ronat, greffier.

Receveurs généraux des Finances.

Vassal.   Landry.

PRÉSIDIAL DE RIOM.

(Les Présidiaux d'Auvergne ressortissaient au Parlement de Paris.)

Le comte de Langeac, sénéchal.
Rollet d'Avaux, président.
Dufraisse-Duchey, lieutenant général civil.
Chabrol, premier lieutenant criminel.
Milanges de Nuithet, lieutenant particulier.
Brugières de Barence, *aliàs* Barante, assesseur.
Bruglas, doyen.
Archon de la Roche.
Faydit, syndic.
De Nevreze.
Archon des Perouzes.
Montainié.
Milanges, clerc.
Milanges, fils, conseiller d'honneur.
Farraderge de Gromont.
Andraud.
De la Farge.
Soubrany.
Plasfeure.
Molin.
Rollet des Marais.
Feredrine.
Bidon, fils.
Urions de la Guelle.
Cathòl, avocat du roi.
De la Maison-Neuve, procureur du Roi.
Baudet de Nalières, avocat du Roi.

COUR DES AIDES DE CLERMONT.

Présidents.

1783. Guerrier de Bezana, premier.
1785. Guerrier de Romagnat, en survivance.
    De Clary.
    Gaucherel.
    Domat.
    Verdier de Barra.

Conseillers.

Tillard de Beauvezeix.
Chardon du Ranquet.
Bereau.
Vassadel de la Chaux.
Ternier de Cordon.
Rechignat de Massant.
Ribeyre.
Huguet.
D'Aubière.
Escot, père.

Tissandier.
Savy.
Salvage de la Marge.
Escot, fils.
Reynaud.
Besseyre de Dyaune.
Boutandon.
Foughasse du Sradet.
Tournadre.
Molles.

Gens du Roi.

De Champflour de Sasserand, procureur général.
Dijon, avocat général.
Caillot de Bégon, avocat général.
Batier, substitut.
Cisterne de Lorme, substitut.
Baron, greffier pour le civil.
Lablanche de la Bro, greffier pour le criminel.

PRÉSIDIAL D'AURILLAC.

La Carrière de la Tour, lieutenant général civil.
Delzortz de la Barthe, lieutenant général criminel.
Collinet de Niossel, lieutenant criminel honoraire.
Pagès de Vixouses, lieutenant particulier.
Laribe, lieutenant particulier, assesseur criminel.
De Leygonie de Rangouse, comte de la Bastide, chevalier d'honneur.
Esquirou de Parieu, doyen.
Delolm de la Laubie, conseiller d'honneur.
Capelle de Clavières.
La Carrière de la Tour.
Carrière.
Cabrespine.
Jules de Foulan.
Laval.
De Leygonie du Breuil (ou Ligonyer).
Nouveau.
Daudé.
Guitard, avocat du Roi.
Devèze, procureur du Roi.
Malroux-Desauriers, *alias* de Saurière, avocat du Roi.
Brunon, greffier en chef.

PRÉSIDIAL DE CLERMONT-EN-AUVERGNE.

Benoit Chamerlat, écuyer, conseiller du Roi en ses conseils, lieutenant général.
Lemasson, lieutenant particulier.
Brunel, conseiller, doyen.
Chanty, procureur du Roi.
François Fauverteix, greffier.

La composition de ce présidial n'a été publiée dans aucun recueil connu. Les noms qui précèdent ont été relevés sur les registres des actes de convocation des trois Ordres déposés aux Archives de l'Empire.

GOUVERNEMENT MILITAIRE.

Le duc de Bouillon, gouverneur général.
Le comte de Montboissier, gouverneur en chef.

Lieutenants généraux.

Le duc de Caylus.   Le vicomte de Beaune.

Lieutenants du Roi

Huet d'Ambrun.   Le comte de Sarret de Fabrègues.

Lieutenants des maréchaux de France.

Le marquis de Bosredon, chevalier de Saint-Louis, à Clermont-Ferrand.
De Vernières, à Clermont.
Le comte de Sampigny, chevalier de Saint-Louis, à Riom.
Le baron de Saint-Étienne, chevalier de Saint-Louis, à Aurilllac.
Le comte de Combarel, chevalier de Saint-Louis, à Issoire.

CHAPITRE NOBLE D'HOMMES.

SAINT-JULIEN DE BRIOUDE.

Les preuves de noblesse étaient de seize quartiers, dont huit du côté paternel et huit du côté maternel. Chacun des chanoines avait le titre de *comte de Brioude* (1).

---

(1) Le chapitre de Saint-Julien de Brioude était un des plus nobles du royaume. Nous publierons prochainement la liste complète des chanoines de ce chapitre. Cette liste fut acceptée et sanctionnée en Assemblée générale le 12 novembre 1788. Ce document intéresse particulièrement les familles d'Auvergne, de Languedoc, de Limousin, de Rouergue et de Quercy.

Chanoines comtes honoraires qui ont été reçus.

Le Roi, premier chanoine.
François Joachim de Pierre de Bernis, cardinal, archevêque d'Alby, etc
Alexandre César d'Anteroches, évêque de Condom.
L'abbé de Pesteils de la Majorie.

Chanoines-comtes honoraires par leurs places.

L'évêque du Puy (Marie Joseph de Galard de Terraube).
L'évêque de Mende (Jean Arnaud de Castellane).
L'abbé de la Chaise Dieu (Louis René Edouard, prince de Rohan).
L'abbé de Pébrac (N... Bourboulon).

Chanoines comtes honoraires par lettres du chapitre.

Jean Félix Henri de Fumel, évêque de Lodève.
François de Bonal, évêque de Clermont en Auvergne.
Claude-Marie Ruffo, des comtes de Laric, évêque de Saint Flour.
Claude-Charles de Mostuéjouls, premier aumônier de Madame.

Chanoines comtes titulaires.

1779. François-Joseph de Nozières Montal de Coteuge, prévôt.
1778. François Maurice de Bourdeilles de Couzance, doyen.
1776. Guillaume de Combres de Bressolles, second prévôt.

1734. Joseph de la Rochette de la Rodde.
1738. Jacques de la Rochette du Vernet.
1748. Jean Jacques de Pesteils de la Chapelle.
1767. Raimond de Mostuéjouls.
1768. Jean-Antoine de Mas de Massals, syndic.
1769. Antoine de Fénelon de Salignac.
1772. Alexandre Léonard-François de Chavanat Montgour.
1773. Jean Baptiste de Vaulx, vicaire général du diocèse.
1774. Jean de Maillan, aumônier de Madame.
1774. Jean Pierre Mathieu Dantil de Ligonès.
       N. Dupont de Ligonès.
1776. Augustin de Beaufranchet.
1778. René du Peyroux.
1779. Vital Gabriel de Dienne.
1781. Pierre Louis Geneviève de Sainte Hermine.
1783. Godefroy de Gauville.
1784. Silvain-Henri de Bertrand de Beaumont.
1786. Pierre Elie Magdeleine de Sainte-Hermine.
1788. Gilbert de Blot de Chauvigny.

CHAPITRES NOBLES DE DAMES.

LAVEINE.

Les preuves de noblesse devaient remonter jusqu'à l'an 1400 du côté paternel, et la mère de la récipiendaire devait être damoiselle. Chacune des chanoinesses avait le titre de *comtesse*.

De Lestrange, abbesse.
De Chalus, doyenne.
De Chaussecourte.
De Bonnevie.
Le Groing.
De Pons.
De Bosredon.
De Ligondez.

De Saint Cirque.
De Beaupririer.
De Montbas.
De Chaussecourte-du Bois
De Vichy.
Le Groing.
De Ligniville.

Chanoinesses nièces.

Henriette Le Groing.
Gabrielle Le Groing.
Camille d'Albignac.

Louise d'Ourches.
Elisabeth de Chalus.
Delphine d'Ourches.

Chanoinesses honoraires.

Comtesse douairière Le Groing.
Elisabeth des Deux Ponts.

Marie de Walsh.
Gabrielle de Lestrange.

SAINT PIERRE DE BLESLE.

Les preuves de noblesse étaient de quatre générations.

De Molen de Saint Poncy.
De Besse de la Richardie.
De Vienne.
Du Sauzet.
De Molen de la Vernède.
Dubos.
De la Boranges de Pierre.
De Pons.
D'Aumalle.
Navette de Chassignolles.

De la Roche du Rouzet.
Dantil de Ligonès.
De l'Enfernat.
De la Relle.
Dantil.
De Chassan.
De Ponsonailles.
De Saint Paul.
De Beaumont.
D'Aurelle de Paladines.

CATALOGUE

DES

GENTILSHOMMES DE ROUERGUE

SÉNÉCHAUSSÉE DE RODEZ.

Procès-verbal de l'Assemblée générale des trois Ordres (1).

16 mars 1789.

(*Archiv. imp.*, B. III., 130. p. 191, 224-233, 256-259.)

NOBLESSE.

Noble Joseph-François-Regis de Seguret, Sgr de Taurines, et autres places, lieutenant général en la sénéchaussée de Rodez.

De Patris, procureur fondé du comte d'Estaing.
Le vicomte de Panat, — le marquis de Roquelaure.
D'Alichoux, — le marquis de Bournazel.
Le vicomte de Panat, maréchal de camp, commandeur de Saint-Louis.
D'Alichoux, — le marquis de Valady.
Le comte d'Adhémar de Panat.
Le comte de Frayssinet, — le marquis de Volonzac.
Le comte de Frayssinet.
Le vicomte de Parlan.
Le comte de Saint-Cosme ou Côme, — le marquis de Saint-Cosme, son père (Curières).
Le comte de Montvalat, Sgr des Crouzets.

(1) Nous croyons devoir faire observer qu'un certain nombre de familles nobles ont pu ne pas figurer dans les Assemblées de Rouergue, pour cause d'absence, de maladie ou d'abstention.

Le comte de Curières, de Villecomtal.
Molly de Billorgues.
De Curlande.
De Bonald.
Balsa Vialatelle.
Dalboi (d'Alboy) de Montrozier, — de Faramond, baron de Canet.
Deviguier Degrun (de Viguier de Grun).
Le baron de Saint-Amans de Pinet.
De Veillac.
De Sambussy, — de Pegueyrolles, président à mortier.
De Roquetaillade.
De Bonald, Joseph François Regis de Séguret (1).
De Bonald, — dame de Normand de Séguret, possédant divisément la baronie d'Ayssenne.
Le comte de Gardies de Condols.
De Raymond.
De Patris.
Le comte Dubosc, — de la Panouse.
Despinous.
De Gardies, — de la Guisardie.
De la Goudalie.
De Pradines.
De Patris, de Vessac.
Le baron d'Arbieu.
De Bonne de Ronnel.
De Rudelle.
Le Normant de Bussi.
De Persegol.
Le comte du Bosc.
Flavin de la Capelle.
Gaston, baron de Landorre.
De Bertreau (Barrau) de Caplongue, de Vedely.
D'Izard (Isarn) de Villefort, D^{lle} de Taisan (Thézan).
Le comte de Falguières, maréchal de camp.
De Salgues de Falguières, de Salgues.
De Cassanholes, de Layrolle, Sgr d'Aurelle.
Le comte de Curières, — de Curières, son père, Sgr de Sainte-Eulalie.
De Fajole.
Le marquis de Roquefeuil d'Ambert.
Crespon de la Rafinie, le chevalier Crespon des Vignes.
Le marquis de Vivens.
D'Auterives de Loupiac.
Le marquis de Prévinquières de Varès.
Barrau de Caplongue, de Barrau, son frère.
Le comte de Saint-Cosme, — de la Valette, Sgr de Saint Laurens.

(1) Pour nous représenter, est il dit, dans l'Ordre de la noblesse au cas où il soit délibéré de procéder séparément à la rédaction des cahiers et à l'élection des députés aux États généraux, ne pouvant nous trouver dans l'Assemblée dudit Ordre, attendu que nous devons présider l'Assemblée du Tiers État. *(Note du Proc. Verb. mss.)*

Le baron de Saint Amans, — le comte de Vezins.
De Balsa de Vialatelle, fils, — de Balsa de Firmy, Sgr de Gamarus.
Crespon de la Rafinie.
De Girels.
Barrau de Caplongue.
De Limayrac.
De Sambussi de Miers (Sambucy).
D'Auriac de Galy, — le marquis de Moncant.
De Bourzès de la Cazotte, le baron de Puy Montbrun.
De Galy, baron de Saint Rome, de Galy, son père (Gualy).
De Galy, Sgr de Saint Christophe de Peyre.
De Gransaigne, de Favantines.
De Sambucy, baron de Sorgues, Peyrot de Vaillausi.
De Bourzès, l'abbé de Bonnefons, Sgr d'Issis.
Le vicomte de Panat, le comte de Bournazel.
Le comte de Montvalat, — dame veuve Demas du Serieys.
Le chevalier de Saunhac de Villelongue, co Sgr de Cassanhes.
De Bourzès, — de Grimal de Rayac.
De Gualy, fils, le marquis de Tauriac.
De Sambucy, — de Sambucy, baron d'Inières.
De Gransaignes, — le baron de Tauriac.
Sambucy de Sorgues, — Daudé de la Valette.
De la Goudalie, — de Pruines.
Cassan de Cassanholes, dame de Lusinham (Lusignan).
De Roquefeuil d'Auriac.
De Saunhac, — dame de Villelongue, sa mère.
De Saunhac de Villelongue, — de Saunhac, son frère, baron d'Ampiac.
De Resseiguier (Rességuier).
De Montmatton.
De Grandsaignes.
Le baron de Sorgues.
Le chevalier de Vigouroux
Le chevalier d'Alichoux.
De Cassan de Cassanholes.
Izard (Isarn) de Villefort.
Le chevalier de Barrau d'Espinassettes.
De Méjanès de Veillac.
De Grandsaignes d'Auterives.
D'Auriac de Galy.
De Méjannès de Persens.
Le chevalier de Moly.
Le chevalier de Bourzès.
De Bourzès.
De Balsa de Vialatelle, fils.
Le baron d'Alboy de Montrozier.
Le chevalier de Galy.
De Corneillan de Gages.
De Corneillan de la Loupierre.
De Saunhac de la Grandville.
Le chevalier de Gardies.

Le comte de Saint-Cosme.
Le chevalier de Tuiliès.
Le comte de Curières.
De Roquetaillade, — l'abbé de la Loubière, Sgr de Redes et Redettes.
Le comte de Parlan, — de Floris (Flory) de Laval (p. 247).

    On donna défaut contre :

La dame maréchale de Biron, marquise de Sévérac.
La dame marquise de Chambonas, baronne de Thenières.
La dame de Giscard, baronne de Calmont.
Les sieurs de Lavernhe, Sgrs de Puech-Camp.
De Beauregard, Sgr de Saint-Ives.
De Verdier de Mandillac, Sgr de Mels.
Bancarel, Sgr d'Hiars.
De Cabannes, Sgr de Cabannes.
De Saunhac, Sgr de Fiaguet Boissières.
De Carcenac, Sgr de Bourran.
De Presque, Sgr de Cestan.
De Cassan, Sgr de Flouyrac (Floyrac).
Cayron, Sgresse de Montmaton.
Constans, Sgr de Sanhes.
La dame veuve Davac (d'Arzac), Sgresse de Sebazac.
D^{lle} de Méjannès, possédant fief à Cassanhes.
De Montarnal, possédant fief à Cassanhes.
Le marquis de Panat-Thouels de Sigonès, Sgr de Pommeyrols, de Corbières, possédant fief à Saint-Geniès.
Bout, Sgr de Marnhac.
De Rodat, Sgr de Druelle.
De Clausel, Sgr de Coussergues.
De Montjésieu, Sgr de Gabriac.
Le comte de Pardaillan, Sgr de Gages.
De la Lande, possédant fiefs à Sévérac.
Les héritiers du marquis de Tuiliès.
De Monseignat, possédant fiefs à Barriac.
De Labro, Sgr de Monthanac.
De Giron, possédant le fief d'Espinous.
Delon, Sgr de Saint-Rames.
De Planard, Sgr de Cantaloube de Cardon.
De Carbon, possédant fiefs à Millau.
Le vicomte de Vesins, Sgr de Saint-Geniès.
Le vicomte d'Izarn de Frayssinet, Sgr de Nant.
De Bonald, Sgr de Lemmonac (du Monna).
Le vicomte d'Albignac, Sgr de Saint-Jean de Balmes.
La dame de Michau, veuve de Puech, Sgresse de Peyrelade.
De Cassan de Verrières.
De Combettes, possédant fiefs.
D'Izard (Isarn), Sgr de Cornus et de Carbon.
Molinié, possédant fiefs.

    Après avoir donné défaut contre tous lesdits ci-dessus dénommés, à la prière de l'Ordre de la Noblesse, acte fut donné audit Ordre qu'il ne pourra être tiré aucunes preuves de noblesse en faveur des dénommés au rang des nobles défaillants.

M. le vicomte de Panat était président de la Noblesse de la sénéchaussée de Rodez et du bailliage de Millau.

MM. de Salgues, de Falguières, de Gualy de Saint-Rome, père, et de Fraissinet, furent nommés scrutateurs à la pluralité des voix.

SÉNÉCHAUSSÉE DE VILLEFRANCHE.

Procès-verbal de l'Assemblée générale des trois Ordres.

16 mars 1789.

(*Archiv. imp.*, B. III., 155. p. 67, 126-168.)

NOBLESSE.

Charles-Joseph Dubruel, conseiller du Roi, juge-mage, lieutenant général et conseiller en la sénéchaussée présidiale de Rouergue.

Jean de Corneillan, Sgr vicomte de Corneillan, tant pour lui que pour :
— Claude de Buisson, ancien sénéchal et gouverneur de Rouergue, marquis de Bournazel, etc. (1) ;
— Jean-François-Alexandre, baron du Puy Montbrun, lieutenant-colonel, chevalier de Saint-Louis et de Malte.

Hilaire de Castanet d'Armagnac, ancien mousquetaire du Roi ;
— Louis-Joseph-Eugène de Boyer de Castanet, chevalier, Sgr marquis de Tauriac, vicomte de Montclar, ancien capitaine de cuirassiers, chevalier de Saint-Louis, etc.

De Robert de Naussac, chevalier de Saint-Louis ;
— D^{lle} Louise de Loupiac ;
— D^{lle} Marie-Marguerite de Robert de Naussac.

L.-F.-Dominique de Cruzy-Marcillac, chevalier, Sgr baron de Savignac, Ampare, Lieucamp ;
— Claude-Marie, comte de Lastic de Saint-Jal.

Jean de Buisson, comte de Bournazel ;
— J.-Gaspard de Cassanhet (Cassaignes) de Beaufort de Miramont, Sgr du marquisat de Miramont ;
— François Marquet de Beaulieu, Sgr du Pont de Camarès.

---

(1) La maison de Buisson de Bournazel a donné quatre Sénéchaux au Rouergue dans l'espace de deux siècles, 1587-1789. (V. *Études historiques sur le Rouergue*, par M. le baron de Gaujal, t. I, 517-518. 1858.)

J. P. Charles de Cumbettes, procureur général, syndic de la province de Haute Guienne;

François de Levezou de Luzençon, chevalier, comte de Vesins, brigadier des armées du Roi, chevalier de Saint Louis;

— G.-J. Philippe Duverdier de Mandilhac, écuyer, Sgr de Valon, etc.

Ant.-Alexis de Levezou de Luzençon, chevalier, vicomte de Vesins;

— J. Pierre, marquis de Mostuéjouls, Sgr dudit lieu et de Liaucous;

Jérome de Gaches de Venzac, officier au régt de la Fère, infanterie.

Joseph de Guilleminet, chevalier de Saint Louis;

— Dame d'Albin de Valzergues, veuve de messire du Truel;

Dame Louise de Marsa, veuve de Joseph Charles de Montlauzeur, baron de Vabres et Flauzin, etc.

Jean-François de Molinery, chevalier, baron de Murols, Sgr d'Albignac;

Jérôme de Belmont, chevalier, baron de Roussi, Sgr de Malcor, conseiller au Parlement de Toulouse;

— Dame Philiberte de Belmont de Malcor, veuve de messire de Monteils de Signalac.

Victor de Pomairol Toulonjac, Sgr de Ginal et Farrou;

Dame Élisabeth Gab.-Marie de Naucase, veuve de Jean Louis, comte de Peyronencq Saint Chamaran, Sgr de Marcenac, etc.;

Marie Anne de Turenne, veuve de messire de Cahusac du Verdier, chevalier de Saint Louis.

Antoine de Durand Catus, co Sgr direct de Sainte-Affrique;

— Louis Pierre de Durand de Bonne, marquis de Senegas, mestre de camp de cavalerie, chevalier de Saint Louis.

Jean Louis de Corcorail, officier d'infanterie;

— Fr.-Jean Albert de Corcorail, ancien chevau-léger de la garde du Roi, capitaine de cavalerie, chevalier de Saint Louis.

P. Jean de Durand de la Capelle, chevalier de Saint-Louis;

Antoine de Roquefeuil, Sgr vicomte d'Issaguettes;

— Dame Claude-Renée de Nogaret, marquise de Pons, Sgresse de la Bastide.

J. J. A.-Louis de Roquefeuil, chevalier, Sgr de Milhars;

— François de Villespassans de Faure de Saint-Maurice, Sgr de Saint Amans, baron de Faure de Saint-Maurice, Sgr de Monpaon.

Pierre Casimir de Castanet-Armagnac, officier au régt de Vivarais, infanterie;

— Fr. Hilaire, marquis de Berail, baron de Mazerolles, capitaine de cavalerie, chevalier de Saint-Louis.

Jean Louis Sabatier de la Gardelle;

— Jean Joseph Sabatier de Montville.

Jean-Melchior, comte Dulac, chevalier, Sgr de Montvert, ancien mousquetaire de la garde du Roi;

— J. S.-M. J.-Honoré de Puel de Parlan, baron de Castelmary, vicomte de Trébas, ancien page de la petite Ecurie du Roi;

— Auguste Alexandre de Faramond, ancien capitaine d'infanterie, chevalier de Saint Louis, Sgr du Fraisse et de la Motte.

J. B.-Claude de Malvin, chevalier de Malte;

— Ch. Marie d'Imbert, chevalier, comte du Bosc, baron de Miremont, capitaine de dragons, lieutenant des maréchaux de France à Rodez;

— Gab. Amans Charles de Saunhac, baron d'Ampiac.
J. Jacques de Saunhac d'Ampiac, baron dudit lieu, comte de Villelongue, chevalier, Sgr de Cabanès, etc.;
— L. Ph. Henri de Saunhac, sous-lieutenant de cavalerie.
J. Jos.-Emmanuel de Campmas, chevalier, vicomte d'Elbes, baron de Saint-Remi et de Puylagarde, président trésorier de France de la généralité de Montauban;
— Dame Marie de Ramondy, épouse de Fr.-Xav.-Amable de Catellan de Caumont, conseiller honoraire au Parlement de Toulouse.
François de Choson de Lacombe, chevalier, conseiller du Roi en ses conseils, président honoraire de la Cour des aides de Montauban;
— Dom. Joseph de Brunet de Castelpers de Panat, chevalier, marquis de Panat, vicomte de Cadars et de Peyrebrune, baron de Bournac;
— P. Alexandre Dossier, chevalier, Sgr de Tarrus, Cabrespines, Laval, etc.
Pierre-Ch. Antoine de Neyrac, Sgr de Najac;
— Dame Fr.-Catherine de Neyrac, veuve de Marc-Antoine de Frezals, Sgr de Lacaze, etc.;
— A. L. Guillaume d'Isard de Méjanés, Sgr de Coupiac, gouverneur de Saint-Sernin.
J. P. Alexandre de Dalbis de Gissac, Sgr de Krandrun et de la Krajac en Bretagne (d'Albis);
— B.-Anne Dalbis, Sgr de Gissac, etc. (d'Albis).
N... Delfau, baron de Belfort, capitaine commandant au régt d'Angoumois, chevalier de Saint Louis, Sgr de Bouillac;
— Dame Marie Paule de Turenne, comtesse d'Aynac, veuve de messire François d'Arzac, chevalier de Saint-Louis;
— J. Jos. Casimir de Montvalat, chevalier, Sgr comte d'Entraigues.
Jean Baptiste Barthélemy de Varoquier, écuyer de main du Roi;
Bernardin de Montheil, écuyer, Sgr de Ladignac;
J. Fr.-Louis de Guirard de Montarnal, Sgr de Senezergues.
Jean Etienne de Rouget;
— J.-Jacques de la Valette Cornusson;
— Pierre Jean de Rouget, neveu, Sgr de Salvagnac.
J. Jacques de Roquefeuil, Sgr de Cadars;
J. Charles de Roquefeuil, chevalier, Sgr de Serres ou Ceras.
Antoine de Durand Catus;
— Henry de Vignolles, écuyer, Sgr direct du fief de Lavaur et de partie de celui de Besse, situés dans la terre du marquisat de Roquefeuil.
M.-A. François de Gualy, chevalier, capitaine dans Dauphin Dragons;
— A.-Gab. L. François de Maures de Malartic, comte de Montricous, conseiller du Roi en tous ses conseils, premier président du conseil souverain de Roussillon.
Philippe Louis Gaspard, marquis de Tauriac, chevalier honoraire de Saint Jean de-Jérusalem;
— A. Louis de Tauriac, chevalier, sous lieut. au régt du Roi Cavalerie, Sgr, baron de Rives, etc.;
— J. Ant. Fr. Gabriel Dupin de Saint André, Sgr de Paulhac, chevalier, procureur syndic dans l'Ordre de la Noblesse de Rivière Verdun
De Creato de Feneyrols, chevalier, Sgr de Feneyrols;
— Huguet de Creato, Sgr de la Beneyrie (la Baissière).

P. Fr. Joseph, marquis de Corneillan, fils aîné ;
— J. Jacques Balsa de Firmy, conseiller au Parlement de Toulouse ;
— Pierre, comte de Pardaillan, chevalier, Sgr de Villeneuve, maréchal de camp, chevalier de Saint Louis.
A. Grég. d'Izarn, comte de Freycinet, chevalier, Sgr de la Guépie, etc. ;
— Étienne de Nattes, chevalier de Saint Louis, ancien capitaine de cavalerie, Sgr de Villecomtal, etc.
J. P. Jos. François, marquis de Montcalm Gozon, chevalier de Saint-Louis, Sgr baron de Saint Victor, Gozon, Mélac, Saint Véran, etc. ;
— Bertrand de Greil de la Volpilière, chevalier, Sgr de Campihiès, etc.
Etienne Darribat, chevalier de Saint Louis ;
A.-Louis de Bancalis, Sgr baron de Pruines ;
— Dlle Anne Euphénice de Rouzet de la Garde, Sgresse de Sanvenza (San Vensa).
M. Félix d'Izarn, Sgr de Cornus, chevalier ;
— J. François de Peyrot de Vaillausy, baron de Brousse, etc., conseiller au Parlement de Toulouse ;
— Dame Anne Daigoin, épouse de messire André Charles Delairs, chevalier, citoyen de Bédarieux, Sgresse de la baronie de Montégut ;
— Dame Catherine Darribat, veuve de messire de Mouillet, conseiller au Parlement de Toulouse.
M. A. François de Gualy, chevalier, capitaine de dragons ;
— J. Louis de Joly Cabanous, capitaine de vaisseau, chevalier de Saint Louis et de Cincinnatus.
Jos.-Henry de Combettes de la Fajolle, Sgr baron de Soubet ;
— Fr. Emmanuel de Crussol, duc d'Uzès, prince de Soyons, marquis de Monsalès, etc. ;
— Augustin de Jacques de Gaches de Caufeyt, chevalier, Sgr de Carcanagues.
Jean Louis Dufau ;
— Max. Nic. Michel de Felzins de Gironde, capitaine de dragons.
J.-B.-Ch. A. Joseph de Pomairol, chevalier de Gramond, capitaine aux Dragons de Condé ;
— J. Louis, baron de Carbon Molenier, Sgr de Saint Juéry, etc. ;
— L. Marie de Faramond de la Fajolle, écuyer.
Augustin de Saunhac, chevalier, Sgr de Talespues, etc. ;
— L. Joseph Charles Philippe d'Izarn de Fraissinet, chevalier, comte de Valady, baron de Servières ;
— F.-René d'Adhémar Panat, aumônier de Madame.
Alexandre de Sambucy, Sgr, baron de Miers, châtelain de Compeyre, etc. ;
— J.-Pierre de Bourzès, chevalier de Saint-Louis, ancien capitaine d'infanterie, Sgr de la Cazotte ;
— A. M.-Antoine de Sambucy, écuyer, Sgr baron de Sorgues.
Antoine de Maffre, Sieur du Cluzel, chevalier de Saint Louis ;
— Dlle Marie Jeanne de Grandsaignes de Loupiac d'Hauterives ;
— J. Hilarion de Viguier, Sgr du Bruel, ancien gouverneur des Pages de la grande écurie du Roi, chevalier de Saint Louis.
Marc Antoine, chevalier Balsa, chevalier de Saint Louis ;
— Victor de Balsa, conseiller clerc au Parlement de Toulouse ;
— J. Pierre de Dienne de Chaumeils.

L.-Gab.-Ambroise de Bonald, chevalier, vicomte de la Rode, Sgr de la Rode et la Tour ;
— Louis-Marie-Gilbert de Montcalm-Gozon, comte de Montcalm, maréchal de camp, marquis de Saint-Véran, Sgr de Tournemire, etc. ;
— Et.-Hippolyte Julien de Pégueirolles, président honoraire au Parlement de Toulouse (marquis de Pégueirolles).
Jacques-François-Noël de Dourdon, chevalier, Sgr du Bex, capitaine d'infanterie ;
— Bernardin-Jean de Dourdon, chevalier, Sgr de Pierre-Fiche ;
— J.-André de Méalet de Fargues, chevalier honoraire de Malte, ancien capitaine dans le régt de Bourbonnais.
J.-Baptiste de Gros, Sgr de Perrodil ;
— Alphonse de Gros de Perrondil (Perrodil) ;
— Etienne Durre (d'Urre), marquis d'Urre, chevalier, Sgr de la Capelle, etc.
Jean-Pierre de Cassan, écuyer, Sgr direct de la communauté des Verrières ;
— Dame Elisabeth de Seirnaudy, veuve de Jacques de Falguières ; écuyer, Sgr de Rebourguil ;
— Guillaume de Brunel, écuyer, Sieur de Bruel ;
— Dame Marie-Catherine Lahondes de Laborie, veuve de George Rosier, Sgr de Vabres, consciller du Roi, président du bureau de l'électeur de Millau.
De Saint-Simon, pour lui et pour son père.
De Colonges, Sgr de Cenac.
Le vicomte d'Albagnac (d'Albignac).
De Larafinie de la Planque.
De Granier, Sgr des Cuzat et autres lieux.
De Genibrouse, marquis de Genibrouse.
Dauphin de Colonges.
De Colonges, président au bureau de l'élection de Villefranche.
Dufau, avocat en Parlement.
De Brasc, frère.
Durrieu de la Contie.
Durrieu de Sainte-Croix.
De Fleyres.
De Seguy d'Espeirac.
De Monlauzier (Montlauzeur).
De Segont de Lestang.
De Segont de Labrousse, père du susdit.
Dufau, baron de la Roque (la Roque-Toyrac).
De Robert de Fraissinet.
Jean Durrieu de Villevayre.
Jean Durrieu de Villevayre, autre.
Mathieu Durrieu de Colombiès.
De Tredolat de Selves, Sgr de Selves.
De Castanet-Armagnac, père.
Jean-Baptiste de Warroquier, Sgr engagiste direct de la ville de Saint-Afrique, gouverneur de ladite ville, chevalier de Saint-Louis.

LISTE DES DÉPUTÉS DES TROIS ORDRES

AUX ETATS GENERAUX DE 1789.

RODEZ

L'évêque de Rodez (Seignelay Colbert de Castle Hill).

François-Louis d'Adhémar, vicomte de Panat, maréchal de camp, commandeur de Saint Louis.

Antoine Rodat d'Olemps.
Pons de Soulatges, propriétaire.

VILLEFRANCHE DE ROUERGUE

L'abbé Malrieu, prieur-curé de Loubons.
L'abbé de Villaret, vicaire général de Rodez.

Jean de Buisson, comte de Bournazel.
Le marquis de Montcalm Gozon, lieutenant de vaisseau, chevalier de Saint-Louis.

Manhiaval, propriétaire cultivateur.
Andurand, avocat au Parlement.
Lambel, du Mur de Barrez, avocat.
Perrin de Rosiers, *alias* de Viviers, avocat.

SÉNÉCHAUSSÉE ET PRÉSIDIAL DE RODEZ.

(Les présidiaux de Rouergue ressortissaient au Parlement de Toulouse.)

Le prince de Saint Mauris, sénéchal.

1759. De Seguret, président, juge mage, lieutenant général.
1783. Enjalran, lieutenant criminel.
1780. De Cussac, lieutenant principal.
1733. De Cabrières, lieutenant particulier.
1764. Baldit, assesseur civil et criminel.
1760. Delon, lieutenant de robe courte.
1767. De Laval, chevalier d'honneur.

1752. Bancarel, doyen.
1755. Azémar.
1756. Planard.
1759. Julien.
        Gaffuel.
1760. Vaisse.
1766. De Villaret.
1768. Maimac.
1781. Dijols.

1752. Boisse, procureur du Roi.
1757. Davernhe, avocat du Roi.
1755. Bessière, avocat du Roi.

SÉNÉCHAUSSÉE ET PRÉSIDIAL DE VILLEFRANCHE.

Ch. Jos. du Bruel, juge mage, lieutenant général et conseiller du Roi.
Carrié de la Salle, lieutenant criminel.
Cardonnel de Fourouzal, lieutenant principal civil et criminel.
Dissès, conseiller doyen.
Coudère, conseiller, procureur du Roi honoraire.
Galtier, conseiller honoraire.
Alibert.
Alric de Prévenquières.
Dalmas de la Bessière.
Bergon.
Jean-Bruno Reyniès de Rozières.
Lobinhes.
Pierre Jean Antoine Cardonnel, procureur du Roi.
Bénazet, greffier.

Assemblée particulière de Millau, pour demander le rétablissement des états du pays de Rouergue.

23 novembre 1788.

(*Archiv. imp.*, B. III., 130. p. 472-482.)

Etaient présents dans l'ordre de la Noblesse :

De Bourzès, chevalier de Saint-Louis, Sgr de Dourdon et de la Cazotte.
Le chevalier de Bourzès, ancien officier d'infanterie.
Le baron de Tauriac, officier au régt du Roi, cavalerie, Sgr du Truel, la Roumignide et autres places.
De Sambucy, receveur particulier des finances.
De Sambucy, baron de Sorgues.
Le chevalier de Sambucy, lieutenant de vaisseau.
De Gransaignes, ancien mousquetaire du Roi.
De Planard, président du bureau des finances de Montauban.
De Cassan, receveur particulier des finances de Sapientis, conseiller auditeur en la Chambre des comptes de Montpellier.
De Corbigny, écuyer.
D'Artys, garde du corps de Monsieur.
Bonnafous, prêtre, chevalier de Saint-Louis, ci-devant major, commandant pour le Roi, à Brest.
De Pégueirolles, marquis de Pégueirolles, président honoraire du Parlement de Toulouse.
D'Izarn, Sgr. de Cornus, chevalier de Saint-Louis.
Le marquis de Tauriac, Sgr de Boissans, Bussac, etc.
D'Auterives, capitaine au régt de Barrois, infanterie.
Carbon de Molenier, Sgr de Saint-Juéry.
De Sambucy, baron de Miers.

Protestation de la Noblesse de Millau contre la constitution d'une prétendue commission dite des trois Ordres de la ville de Millau, déposée aux minutes de Lafond, notaire royal.

15 janvier 1789.

(*Archiv. imp.*, B. III., 130. p. 524-526.)

Cette protestation fut signée par MM. :

Louis-Gabriel-Ambroise de Bonald, chevalier, vicomte de la Rode, Sgr de la Tour, Montagnol, Laval, Le Monna, ancien mousquetaire de la garde du Roi.

Auguste-Jean-Baptiste de Sambucy, Sgr baron de Sorgues.
Jean-Pierre de Bourzès, Sgr de la Coste, ancien capitaine d'infanterie. chevalier de Saint-Louis.
Louis-Antoine de Tauriac, chevalier, baron de Rives, Sgr du Truel, la Roumiguière, Costris, sous-lieutenant au régt du Roi, cavalerie.
Jean-Pierre Cassan, écuyer, Sgr de la directe de la communauté de Verrières.
Alexandre de Sambucy, baron de Miers, chatelain de Compeyre, Sgr de Monclar, Saléles, etc.
Pierre-Honoré-César d'Urre, comte d'Urre, Sgr de Liver, la Capelle, Montauriol, etc., sous-lieutenant au régt de Touraine.
Auguste-Marc-Antoine de Sambucy de Sorgues.
Durand-Louis de Bourzès, chevalier, capitaine d'infanterie.
Pierre-Louis de Gransaigne d'Hauterives, capitaine au régt de Barrois.
Gilles-Louis-Antoine de Gransaignes, ancien mousquetaire du Roi.
Hercule-Béranger de Sambucy, chevalier, lieutenant de vaisseau.
Antoine-Jean Cassan de Cassagnole, ancien gendarme de la garde ordinaire du Roi.

PARIS. — IMPRIMERIE DE DUBUISSON ET Cⁱᵉ, 5, RUE COQ-HÉRON.

www.ingramcontent.com/pod-product-compliance
Lightning Source LLC
Chambersburg PA
CBHW060713050426
42451CB00010B/1427